Una colección de poemas, recuerdos y un diario guiado de seis meses

Trascendiendo
EL
Puente Del Arcoiris

Tu camino hacia la sanación
después de perder a tu perro

JULIETA L. SMITH

House of Seven Literature

Trascendiendo Puente Del Arcoiris

Publicado por House of Seven Literature Derechos de Autor (Sociedad de Responsabilidad Limitada) © 2023 por Julieta L Smith

979-8-9881254-4-0 (Espanol tapa blanda)
979-8-9881254-6-4 (Espanol tapa dura)
979-8-9881254-0-2 (U.S. paperback)
979-8-9881254-1-9 (U.S. hardcover)
Library of Congress Control Number 2023906975

Primera edición 2023
Trancidir edicion 2024

www.julietasmithauthor.com

Tra ducir: Claudia Berger
Ilustración del Libro: Nate Myers
Prólogo: Dra. Kerrwen Tanner, Doctor en Medicina Veterinaria
Introducción: Aubriel Cameron

Para Chez,

Un Yorkie como ningún otro. Gracias por las lecciones aprendidas y
la alegría brindada, y por amarme con todo tu corazoncito.

Te amaré
por siempre,
Tu mami

Contenido

(Inserta la foto de tu perro.)

Prefacio

la Dra. Kerrwen Tanner, Doctora en Medicina Veterinaria

COMO DOCTORA EN MEDICINA VETERINARIA DE ANIMALES PEQUEÑOS, ejerciendo desde hace casi veinte años, he tenido la oportunidad de relacionarme con muchas familias y ayudarlas en su nueva experiencia para cuidar a su nuevo bebé peludo. Es un trabajo gratificante que trae nuevos comienzos cada día, y por desgracia también, tristes finales. He aprendido a lo largo de los años que nosotros (los veterinarios) no dejamos de lado nuestros casos en el hospital o en el consultorio. Más bien, creamos vínculos tan fuertes con nuestros clientes y sus mascotas que nos llevamos los problemas a casa y reflexionamos sin cesar sobre los bebés peludos, los clientes, los diagnósticos, las decisiones tomadas y los consejos dados.

Conocer a un nuevo cliente y a su mascota por primera vez es una experiencia conmovedora y emocionante que crea un vínculo que dura años. De hecho, nos convertimos en miembros de la familia de nuestros clientes y mascotas., solo que no recibimos una invitación a las cenas familiares. Estamos presentes cuando nuestros clientes dan la bienvenida a sus nuevos bebés humanos. Observamos desde lejos cómo sus hijos pasan de ser niños a graduarse en la universidad. Y estamos presentes cuando un cachorro ágil, joven y enérgico se convierte en un perro experimentado.

Es una sensación maravillosa proporcionar orientación médica a nuestros clientes para ayudarles a entender mejor las necesidades de sus bebés peludos. Por desgracia, en la vida hay un final. Y al igual que la alegría que experimentamos al conocer a un nuevo bebé peludo y a sus padres, hay una inmensa tristeza y desolación al realizar una eutanasia. De hecho, uno pensaría que con el tiempo se hace más fácil ver la pérdida de una mascota, pero la realidad es que no es así y nunca lo será, sobre todo cuando nos hemos acercado tanto a la mascota y a su familia. Específicamente, con cada eutanasia que realizamos, hay una parte de nosotros que se desvanece durante el proceso. En otras palabras, experimentamos el dolor con nuestros clientes.

Chez fue un perro que es un ejemplo perfecto del dolor que experimentamos cuando muere una mascota. Aunque a Chez no se le practicó la eutanasia, tras su muerte, una nube muy oscura se posesionó sobre nuestro hospital durante días. Todos los empleados del hospital querían a Chez. Era un pequeño animalito con una gran presencia. Era un perro muy reservado, relajado y tranquilo. También exigía tanta atención que tenía que sentarlo en mi regazo mientras escribía mis notas médicas. No se movía, sino que se quedaba muy quieto y se dormía. Además, siempre que venía al hospital a visitarme, iba en su transportín, que era su refugio seguro. Cuando entraba la Sra. Smith, traía el transportín al hombro y luego lo colocaba en el mostrador. Chez asomaba la cabeza como si saludara a todo el mundo. Hasta el día de hoy, tengo su foto en la computadora y le echo un vistazo de vez en cuando. Era un perrito muy especial y significaba mucho para mucha gente. Por lo tanto, es razonable que la Sra. Smith vuelque sus sentimientos y pensamientos en este libro.

La transparencia y vulnerabilidad de la autora, que se muestra en este libro, llega al lector. Este libro conmoverá a las personas que sufren una pérdida reciente y les proporcionará una vía para expresar sus emociones más profundas. Aunque cada uno vive el duelo a su manera, este libro será una buena base para iniciar el proceso.

Introducción

por Aubriel Cameron

CUANDO JULIETA SE ME ACERCÓ PARA CONTARME acerca de este libro, sobre cómo nació la idea del camino hacia la sanación tras la pérdida tan repentina y trágica del pequeño y dulce Chez, mi corazón se conmovió profundamente. Habiendo tenido el privilegio de acoger a ese dulce niño y a su dedicada madre en mi vida, este libro significa el impacto que ha tenido en aquellas vidas más allá de las que están dentro de las paredes de su hogar.

Como propietario de perros, cuidador canino profesional y, además, amante de los perros, sé que la pérdida de una vida duele de un modo difícil de describir. El amor incondicional, la alegría sin límites y la compasión sin límites que nos demuestra nuestro querido perro cada día de su vida hacen que su marcha sea una herida tan profunda y duradera que puede costar mucho tiempo y esfuerzo curar. En las páginas de este libro, Julieta muestra un honorable nivel de vulnerabilidad mientras guía al lector a través del proceso de sanación, duelo, alegría y luto por el final de la vida de su compañero peludo. Este libro significa mucho más que la poesía que contiene, más que sugerencias para ayudarte a pensar y, más que palabras puestas sobre el papel. Este libro representa la búsqueda de la autora sobre la curación tras la pérdida; te permite ahondar en el corazón de alguien que amaba total y verdaderamente a su mascota, ayudando a narrar muchos de los sentimientos que sienten aquellos que han experimentado esta pérdida y tienen huellas dejadas en el corazón para siempre.

A medida que el lector avanza en este libro, encontrará momentos en los que el peso de las emociones que se discuten y procesan realmente cala sobre uno. Esto sólo puede explicarse como una parte del proceso, permitiendo el espacio para sentir la profunda tristeza, para sentir el dolor que viene después de que se han ido. A lo largo de las páginas, se puede encontrar aliento con las Escrituras Bíblicas cuidadosamente colocadas, entrañable poesía y múltiples oportunidades para que el lector personalice la experiencia escribiendo sus propias respuestas y añadiendo fotos de su amada mascota a lo largo del camino.

Durante los muchos años que nuestro animal está en nuestra vida, somos todo su mundo. El sol sale y oculta con nosotros, en sus ojos. Sólo podemos rezar para que ellos también sientan el amor que les profesamos. Este libro ofrece al lector la oportunidad de escribir una "carta abierta" a su mascota fallecida, de escribir sus sentimientos y palabras de dolor, recuerdo, amor y alegría. Y al final del libro, se puede tener una sensación de catarsis. Saber que ha habido un esfuerzo deliberado para procesar lo que ha sucedido, pero también poder volver a visitar estas páginas y fortalecerse, y ver lo lejos que has llegado en tu curación, esta sensación no tiene precio.

Julieta, me siento tan bendecida y tan afortunada de haber tenido tantos momentos significativos y hermosos contigo y con Chez en los últimos años. Su fiesta de cumpleaños y sus visitas con el suéter de Navidad son recuerdos maravillosos. Chez sabía que cuando llegaba a mi casa, tendría una cama calentita y unos brazos aún más calentitos para darle la bienvenida. El impacto que este pequeño causó en los corazones de mis hijos, en el mío y en el de mi marido sigue siendo indescriptible. Pienso en ustedes con cariño y a menudo. Les doy las gracias por confiar en mí para cuidar y querer al mejor de los perros.

A mi dulce Chez, todavía no puedo creer que la última vez que te vi fue para decirnos adiós. Pero espero que sepas que este tu "castillo" sigue aquí, y que sigues siendo el rey visitante de nuestros corazones. Kali te echa de menos. Nosotros te echamos de menos. Tu mami te echa de menos, y sabemos que tú también la echas de menos. Gracias por tu amor, mi dulce niño.

Agradecimiento

DRA. KERRWEN TANNER - Doctor en Medicina Veterinaria, usted es un médico con talento y altamente calificado que siempre diagnosticó con precisión a Chez y ofreció las mejores soluciones para él. Chez se sentía cómodo con usted, lo que me hizo confiar más fácilmente. Por último, después de la muerte de mi mascota, el tiempo que pasaste explicando los acontecimientos médicos y respondiendo a mis numerosas preguntas, mientras me asegurabas que había hecho todo lo que podía hacer, confirmó que eres absolutamente el mejor veterinario de este lado del puente del arco iris.

Tee Rogers, Alli Gantt, y Aubriel Cameron, ustedes y sus familias cuidaron de Chez más allá de mis expectativas, ya que lo amaban como a su propio perro. Nunca rechazaron las peticiones de cuidarlo mientras yo viajaba, y compartían alegremente historias sobre su estancia con ustedes y cómo era el pequeño rey de sus castillos. Saber que cada uno de ustedes lo quería como si fuera un miembro de su familia me ha alegrado el corazón más de lo que pueden imaginar. Muchas gracias.

Grace Desir (Reina Grace) y Joy Desir (Princesa Joy), mis preciosas e inteligentes sobrinas, desde que tenían dos años, amaban a Chez a pesar de su miedo inicial a los perros. Bailaban con él, lo paseaban, le hablaban, le leían, le escribían cuentos y le pusieron el apodo de Buddy. Lo querían inmensamente, y eso lo hizo el perrito más feliz del mundo. Muchas gracias.

Prólogo

BIENVENIDO HACIA TU CAMINO A LA SANACIÓN. Este libro contiene un diario guiado dirigido específicamente a los dueños de perros. Se trata de una colección de recuerdos, poemas, cartas e indicaciones para un diario, el cual está estructurado para ayudarte a sobrellevar los primeros seis meses de sanación tras la pérdida de tu querido miembro de cuatro patas.

Este diario de sanación se creó a lo largo de un año de emociones que experimenté tras la inesperada pérdida de mi perrito, Chez. Chez era un Yorkshire terrier (Yorkie) de pura raza, rubio, negro y marrón. Pesaba 2,5 kilos, tenía la cola cortada y una personalidad que llenaba cada espacio en el que entraba. Como contaré en el próximo capítulo, era una anomalía porque era un Yorkie tranquilo y se comunicaba con los ojos. Era calmado y relajado, por lo que muchos se referían a él como un perrito tranquilo. Chez era tan servicial como amable.

Era un perrito al que yo podía darle instrucciones una sola vez, y él las seguía. Así que, el 9 de marzo del 2022, a las 10:00 a.m., cuando miré sus ojos marrones comprendí que había un problema, y nunca imaginé que sería declarado muerto a la 1:15 p.m. de ese mismo día. Su inesperada y rápida partida fue devastadora, y durante meses lloré su muerte sin ninguna orientación. Además, no sabía cómo afrontar el proceso de duelo por la pérdida de mi pequeño, que se había convertido en mi hijo, ni sabía cómo debía ser ese proceso. Quería hablar con Dios, pero estaba tan abrumada por el dolor de haber perdido a Chez que le dije (a Dios) que no le hablaría; no porque estuviera enfadada, sino porque estaba triste. Y como no podía encontrar la manera de salir de la tristeza, la tristeza encontró un hogar temporal dentro de mí.

Sabía que no podía quedarme en este estado de tristeza, y un consejero me dijo que estaba deprimida. Empecé a escribir sobre mis sentimientos y escribí poemas, cartas y recuerdos sobre él. Llevar un diario me llevó a sonreír más que a llorar al recordar a mi bebé peludo. Empecé a reírme de hábitos que todavía hago y que antes hacía para complacerlo. Además, me di cuenta de que, a los seis meses de mi viaje de sanación de doce meses, había creado una hoja de ruta para la sanación de los dueños de perros en duelo. A los seis meses, me reía más de lo que lloraba cuando recordaba a Chez, y podía conversar con los demás sin sentirme abrumada por la tristeza. Y lo que es más importante, había restablecido mis conversaciones con Dios (Él es muy paciente). Por lo tanto, supe que seis meses era la medida indicada para el diario guiado dentro de este libro.

Te invito a entrar en mi vida con Chez. Los poemas, recuerdos y cartas que he seleccionado para compartir en este libro revelan algunos de mis momentos más vulnerables y transparentes, y me han permitido ser más auténtica contigo. Espero que compartir mis momentos vulnerables te ayude en tu proceso de sanación. Los recuerdos y poemas de este libro pueden evocar emociones de tristeza y risa, pero espero que las palabras te impulsen a pensar en tu querido bebé peludo y te animen a escribir tus propios recuerdos, poemas y cartas. Las indicaciones mensuales del diario te guiarán con sutileza para que hagas el trabajo de tu propia sanación ya que mis poemas no están estructurados profesionalmente; pues no soy una poeta profesional, pero todos están escritos desde mi corazón para inspirarte, a la vez que enriquezcan tu vida. Te animo a que escribas tus propios poemas sin inhibiciones ni preocupaciones por la estructura, el estilo o la corrección, porque son un reflejo de lo que hay en tu corazón.

Por último, este libro ha sido creado especialmente para ti, el dueño del perro en duelo. Nunca ha habido un espacio dedicado, estructurado en este formato, para los dueños de perros en duelo, hasta ahora. Es mi deseo que este libro te ayude a encontrar las risas que necesitas, te ayude a liberar tus lágrimas contenidas y a salir de la tristeza o la culpa que puedas sentir. Que trasciendas más allá del puente del arco iris, que tu bebé peludo ha cruzado y el cual espera ansioso tu reencuentro con él al otro lado.

Cuando el mañana empiece sin mí, no pienses que estamos lejos, porque cada
vez que pienses en mí, estoy aquí en tu corazón.

—Autor desconocido

Detrás del Telón

Mi Historia, Mi Chez

LAS PÁGINAS SIGUIENTES DEVELAN MI historia con Chez. Es una visión vulnerable y transparente de quién era, y de los acontecimientos del día en que cruzó el puente del arco iris. Escribir los acontecimientos de ese día todavía me hace llorar, pero poder pensar en él con una sonrisa que me enternece el corazón, significa mucho más. He aceptado que el 9 de marzo del 2022, a las 13:15, era su hora. Su misión en esta tierra estaba completa porque hay un tiempo y un ciclo para todo en esta vida.

> Todo tiene su tiempo, y todo lo que se quiere debajo del cielo tiene su hora.
> Tiempo de nacer, y tiempo de morir; tiempo de plantar, y tiempo de arrancar lo
> plantado; tiempo de matar, y tiempo de curar; tiempo de destruir, y tiempo de
> edificar; tiempo de llorar, y tiempo de reír; tiempo de endechar, y tiempo de bailar.
> —Eclesiastés 3:1-4

Mientras conducía para recoger a Chez de su casa de acogida en el 2009, nunca imaginé lo mucho que aprendería de él, lo mucho que lo querría y lo mucho que acabaría llorándolo. Se convertiría en mi mejor amigo, mi bebé peludo, mi confidente, mi compañero de viaje, mi sous-chef (ya lo explicaré) y en mi compañero de cine. Chez era un Yorkshire terrier (Yorkie) de pura raza. Su color de pelo (los Yorkies no tienen pelaje) era rubio, marrón y negro. Con nueve semanas, cabía en la palma de mi mano. Nació el 19 de noviembre del 2008, de una camada de ocho crías, fue un cachorro acogido por un agente de policía de Missouri porque el Estado había determinado que los criadores de los padres de Chez no podían seguir criando perros. Por lo tanto, Chez y sus hermanos fueron acogidos temporalmente en diferentes hogares hasta que pudieran ser reasignados con sus familias definitivas. Al ver su carita en el sitio web de adopción de mascotas, supe al instante que Chez era el cachorro para mí.

Chez era una anomalía para una raza terrier porque era tranquilo. De hecho, mucha gente se sorprendía al saber que en mi casa residía un perro porque nunca le oían ladrar. Sin embargo, Chez tenía ciertos momentos para ladrar, lo que siempre hacía por razones válidas. Por ejemplo, cuando un huésped se quitaba los zapatos, Chez ladraba si sus pies no olían "a fresco". Nada que un poco de talco para bebés no pudiera resolver. Sin embargo, solía avergonzarme. Intentaba distraerlo mientras lo veía olfatear los dedos de los pies de los invitados. Me preparaba para ver cómo movía rápidamente su cola de un lado a otro porque sabía que Chez estaba a punto de hablar. Con la cabeza baja, inhalaba rápidamente y, a continuación, sus patas traseras se echaban hacia atrás y hacia fuera, como un toro antes de embestir. Chez levantaba la cabeza y lanzaba varios ladridos cortos y agudos al invitado. Luego hacía una pausa y esperaba a que el huésped respondiera. Si no respondía, volvía a ladrar. El visitante quedaba confundido. Sin hablar, y disculpándome en silencio, le entregaba un pote de talco para bebés y le pedía que se echara un poco en los calcetines. El huésped reaccionaba con incredulidad y decía: "Sé que no me está diciendo que me apestan los pies". A veces me encogía de hombros para confirmar su afirmación. Chez controlaba la situación manteniéndose a una distancia respetuosa del infractor del olor de pies. Después de que el huésped se aplicaba el talco en los calcetines, Chez volvía para inspeccionar su trabajo olfateando los pies. Una vez satisfecho, se alejaba para mostrar su aprobación. A menudo cuestionaba a Chez por sus acciones, pero con el tiempo me di cuenta de que los pies humanos estaban en su espacio aéreo; por lo tanto, era su prerrogativa informar al humano de su situación olorosa.

Chez también ladraba cuando la gente hablaba alto. Cuando sólo vivíamos él y yo en casa, en un ambiente tranquilo, Chez disfrutaba de un ambiente de paz. Por lo tanto, le recordaba rápidamente a los humanos que usaran un tono de voz más bajo. Estos recuerdos me hacen sonreír porque era un perro único. Tanta gente lo quería que era fácil conseguir una niñera. Le pedían que estuviera en las fotos de los graduados de fin de curso de las escuelas (a lo que él accedía), y a él se le atribuye el mérito de que algunas familias tuvieran sus propios perros. Sin embargo, siempre advertía a la nueva familia de mascotas de que su nuevo perro no tendría la personalidad, ni sería tan educado y adiestrado como Chez; era casi humano.

La personalidad de Chez suscitó comentarios como: "El no se siente como un perro", de muchos de los que se cruzaron con él. Como tal, creía que los comentarios eran acertados porque estuvimos los dos juntos durante catorce años, y yo lo trataba como a un niño de verdad (estilo Pinocho). Hablaba con Chez como si entendiera todo lo que ocurría en mi vida. Del mismo modo, hubo momentos en los que creí de verdad que lo hacía.

Era mi compañero de viaje y acumulaba más millas de viajero frecuente en avión y en carretera que un perro normal. Se trasladó conmigo a tres estados y me consoló con la palmadita de su pequeña pata cuando estuve enferma. Y era mi asistente de cocina. Cuando preparaba la comida, Chez olfateaba cerca de la hornilla y ladraba una vez cuando mi comida estaba lista para sacarla del horno. Irónicamente, siempre acertaba, y nunca horneé de más una comida durante su vigilancia.

El veterinario de Chez, la Dra. Tanner, se refería a él como "mi niño", y su personal lo colmaba de afecto y atenciones. Chez era un auténtico personaje porque disfrutaba de las muestras de afecto y atención de los demás, hasta el punto que incluso sus visitas al veterinario incluían agradecimientos rutinarios por parte del personal mientras trabajaban. Me explico. Chez siempre llegaba al veterinario en su trasportín blando, con su cabecita asomando por la parte superior del acceso a la bolsa. Le encantaba estar dentro de su bolsa, y el personal sabía que tenía colocarlo dentro de su jaula con su bolsa. Sin embargo, Chez no era un pequeño Yorkie al que se pudiera ignorar. Como me comunicó la Dra. Tanner durante las visitas al veterinario de Chez, de vez en cuando asomaba la cabecita por la abertura de su trasportín y emitía un ladrido agudo antes de esperar en silencio a que lo reconocieran. Si no recibía respuesta, emitía un segundo ladrido agudo, momento en el que uno de los miembros del personal o el médico que lo atendía respondía: "Hola, Chez". Satisfecho con la respuesta, Chez volvía a meterse en su trasportín. Entrenaba bien a los médicos y al personal.

Chez estaba tan involucrado en mi vida que olvidé que su vida, la de un perro, era más corta que la de un ser humano. Lo incluí en mi testamento, como hice con los miembros de mi familia humana, porque Chez se había convertido en un ser humano para mí, un ser humano de piel. Fue un humano peludo que me enseñó a amar con todo lo que tengo, a dar desinteresadamente, a perdonar rápidamente, a reír a carcajadas y a crear límites emocionales. Chez percibía con agudeza el espíritu de las personas. Y a veces se le describía como reservado y fuerte cuando no se sentía bien.

Por eso, cuando Chez murió repentinamente a los catorce años, se me desgarró el corazón y me quedé entumecida, aturdida e incapaz de procesar los acontecimientos de su muerte. El 9 de marzo del 2022, a las diez de la mañana, noté que su respiración era rápida y superficial.

Habíamos visitado el parque tres días antes y supuse que la hierba le había provocado alergia. El veterinario de nuestro nuevo estado le recetó medicamentos y me indicó que inhalara vapor para aliviarle la respiración. Durante tres noches, con la cabeza apoyada en el somier y el colchón de mi cama, me senté en el suelo y acuné a Chez en mis brazos para que pudiera inhalar el vapor caliente del humidificador y dormir. Haría cualquier sacrificio necesario para que Chez estuviera sano y fuera feliz. En nuestra vida juntos, hemos pasado por dos operaciones de luxación de rótula, una reparación de rotura del ligamento cruzado craneal (equivalente al ligamento cruzado anterior en los humanos), varias sesiones de fisioterapia y una dieta de alimentos ecológicos. Pero, el 9 de marzo, mis esfuerzos no superaron mi capacidad humana y fueron insuficientes.

A las 10 de la mañana, mientras Chez estaba sentado en su cama con una respiración irregular, vi tristeza en sus ojos. Cogí mi teléfono y grabé la respiración de Chez para enviársela por correo electrónico a la Dra. Tanner, el veterinario de Chez de toda la vida, porque quería una segunda opinión a la que me había dado el veterinario de nuestro nuevo estado. Pero mientras observaba a Chez, supe que no podía esperar la respuesta del Dr. Tanner. Lo cogí en brazos, subí a mi vehículo y me dirigí rápidamente a la consulta del veterinario. Llegué a la consulta y sorprendentemente el jefe de personal estaba presente. La jefa de personal y yo habíamos entablado una respetuosa relación médico-paciente después de tener una "reunión de acuerdos", durante la cual le había informado de que Chez no era un perro promedio y que esperaba que fuera precisa con su diagnóstico de los problemas y los tratamientos sugeridos. Esa conversación surgió a raíz de un diagnóstico erróneo anterior. Sacó a Chez de su trasportín y desapareció al fondo de la clínica, pero reapareció rápidamente y dijo que Chez necesitaba oxígeno porque creía que el problema estaba en su corazón. Mis ojos se abrieron de par en par y mi mente se aceleró. ¿Qué estaba pasando? Hacía dos meses que le habían hecho el reconocimiento médico anual y la limpieza dental, y no se había mencionado ningún problema cardíaco. Mientras tomé asiento perpleja, ella se puso en marcha y llamó al hospital de urgencias para animales. Me dijo que saliera a buscar mi vehículo y, mientras la enfermera la seguía de cerca, corrió a buscarme a la puerta.

Colocó a Chez en el asiento delantero y dijo: "¡Conduce! ¡Conduce! Te están esperando. Espero que llegues a tiempo".

La respiración de Chez se hizo más agitada mientras yo zigzagueaba entre el tráfico y me saltaba los semáforos. Lo moví del asiento del pasajero a mi regazo mientras aceleraba a través del tráfico y me incorporé a la autopista. Le canté y le hablé en voz alta para mantenerlo despierto. Le dije que aguantara porque yo haría que se sintiera mejor. Se lo había prometido durante catorce años, y esta vez no iba a ser diferente. "¡Quédate conmigo, Chez! Quédate con mamá". Recé en voz alta: "Dios, protege a Chez. No me lo quites".

Llegamos al hospital de urgencias para animales. Con Chez en brazos, entré corriendo.

"¿Es Chez?", preguntó la enfermera. "Sí", respondí.

Me lo quitó de los brazos y corrió a la parte trasera del hospital para colocarlo en una cámara de oxígeno.

"¡Tenemos una emergencia!" oí gritar a la enfermera.

Desde el momento en que me quitaron a Chez de los brazos, el tiempo parecía detenerse. Me llevaron a una pequeña sala de espera, donde me senté en silencio. Finalmente, el médico de urgencias entró en la sala.

"Señorita Smith, soy el doctor Ross. Chez está en la cámara de oxígeno y su respiración está estable. Pero, señorita Smith, creo que es su corazón", dijo.

"¿Cómo?" pregunté.

El doctor Ross no tenía certeza, aunque estaba seguro de que se trataba del corazón de Chez.

Continuó: "Podrían ser los pulmones, una infección o su corazón, pero necesito radiografías para estar seguro. Y como necesita la cámara de oxígeno para estabilizar su respiración, creo que se trata de su corazón, señorita Smith".

"Quiero verlo", dije, todavía incrédula.

El doctor Ross me acompañó a la sala de operaciones, donde Chez yacía de lado sobre una mesa metálica, con una máscara de oxígeno cubriéndole la boca y las fosas nasales.

"Lo hemos sacado de la cámara de oxígeno para hacerle radiografías", me explicó el médico. "Pero tenemos que volver a ponerlo porque no respira lo suficiente por sí mismo, y eso no es bueno".

"¿Puede oírme?" le pregunté. "Sí", respondió.

"Chez. Chez. Es mami. Lucha por mami, Chez. Tienes que luchar. Quédate conmigo", le supliqué.

"Quédate con nosotros, Chez", repitieron el Dr. Ross y la enfermera.

En ese momento, Chez respiró hondo y sus ojos se abrieron de par en par. Entré en pánico. "¿Qué está pasando? pregunté.

"Su cuerpo no aguanta", dijo el Dr. Ross. "¿Quiere que lo entube?", preguntó.

"¡¿Qué es eso?!" Le pregunté.

"Es cuando insertamos un tubo muy pequeño en sus vías respiratorias. No le hará daño", me explicó el Dr. Ross.

"¡Sí! Entúbelo. Sálvenlo", grité.

La enfermera me cogió del brazo y me acompañó a la sala de espera. Los minutos pasaron lentos. A la una de la tarde, el Dr. Ross entró en la sala de espera con una actualización y una petición.

"Señorita Smith, Chez no se estabiliza. Ha entrado en paro respiratorio. Le estamos practicando la reanimación cardiopulmonar. ¿Quiere que continuemos?"

"¡Sí!" Respondí, mientras mis pensamientos gritaban, no vuelvas a hablar conmigo, ¡quédate en la habitación con Chez y sálvalo!

El tiempo se detuvo. Miré el reloj de la pared. 1:15 p.m. El minutero avanzó y el Dr. Ross reapareció en la habitación donde yo estaba sentada.

Su siguiente frase comenzó con un fuerte suspiro y dijo: "Señorita Smith, lo siento, pero Chez se ha ido. Su cuerpecito no ha podido aguantar".

Me senté aturdida y sin comprender sus palabras. No podía procesar lo que acababa de decir.

"Señorita Smith, ¿hay alguien a quien pueda llamar por usted?", continuó.

Sentí un zumbido en los oídos. Aspiré el poco aliento que tenía porque sentía como si una bolsa de plástico me cubriera la cara. Sin previo aviso, un grito provino desde lo más profundo de mi alma y brotó con tal fuerza que el Dr. Ross se tambaleó hacia atrás sobre los talones de sus pies. Al instante, me arrancaron el corazón y me dejaron un vacío insoportable. Mi cabeza temblaba de un lado a otro mientras repetía: "No, no, no. Dios, no". "Tráemelo de vuelta", sollocé.

"Sí, señora", dijo.

El Dr. Ross regresó con Chez en brazos, envuelto en una toalla de color canela. Colocó suavemente su pequeño cuerpo aún caliente en mis brazos y se apartó. Sentada, apreté a Chez contra mi pecho mientras sollozaba. Su cuerpo estaba tan caliente y quieto. Tenía los ojos abiertos. Por primera vez, sentí que tenía el corazón fuera del cuerpo. Entre sollozos, le susurré a Chez: "¿Por qué tuviste que dejarme?". Miré al Dr. Ross. "He leído que una persona puede seguir oyendo inmediatamente después de morir, ¿cree que Chez puede oírme?". le pregunté.

"Creo que sí", respondió.

"Chez, mamá te ama. Mamá te ama".

Lo acuné en mis brazos hasta que el Dr. Ross preguntó: "¿Puedo llevármelo?". Asentí de mala gana. Extendió el brazo hacia mí y me lo quitó de los brazos. Recogí la manta de Chez, que estaba sobre mi regazo, me cubrí la cara con ella y di un grito desgarrador. "Llamaremos a la funeraria. ¿Te parece bien?", me preguntó.

Sollocé y asentí con la cabeza.

"Señorita Smith, ¿está segura de que no hay nadie a quien pueda llamar por usted? Podemos llamar a un chófer si no puede conducir hasta casa".

Negué con la cabeza. No podía comprender lo que había pasado. Chez y yo habíamos estado en el parque el domingo y el miércoles ya no estaba.

Desorientada, me levanté de la silla y abrí la puerta de la sala de espera. Miré por el pasillo del hospital de urgencias. Lo que antes era un pasillo corto ahora parecía interminable. Lentamente, caminé hasta el mostrador de recepción. Mis pensamientos se agitaron. ¿Sabía el personal que Chez había muerto? No lo sabía. No podía leer sus caras. Tenía los ojos hinchados y la cara manchada de lágrimas.

"Señorita Smith, ha llegado un correo electrónico con el historial veterinario de Chez", dijo una empleada.

No lo sabe, pensé.

"Ya no los necesito ahora", dije.

Su mirada se desvió de la pantalla del ordenador hasta encontrarse con la mía. "Lo siento", dijo. Me entregó un recibo de pago. "Si nos necesita, llámenos".

Sujeté el recibo sin apretarlo, mientras intentaba procesar la razón por la que no me iba con Chez. Con la respiración entrecortada, aturdida y con la boca abierta, me di la vuelta y salí a trompicones del hospital de animales sin Chez. ¿Qué acababa de pasar? Dios, ¿qué había pasado? Después de catorce años juntos, Chez había cruzado por fin el puente del arco iris.

Los días y semanas siguientes estuvieron llenos de flores, tarjetas y regalos de aquellos que habían querido al pequeño Chez. Alguien que mirase de lejos supondría que había muerto un ser humano. Para mí, había muerto una persona, un miembro de mi familia. Mi ama de llaves y yo visitamos a Chez en el crematorio de mascotas para velarlo en privado. El personal colocó el pequeño cuerpo de Chez en una cama con la cabeza apoyada en una almohada. Parecía tan tranquilo. Lloré. Sin embargo, lo que los demás no podían ver era la profunda tristeza que me embargaba. Me enfrenté a los acontecimientos del 9 de marzo e intenté vivir sin él. Sus juguetes, comederos, bebederos, mantas, camas, golosinas y productos de higiene estaban en su sitio, pero Chez no estaba. Asistí a una sesión de terapia de duelo para mascotas, pero la sesión no fue eficaz porque nadie podía explicar la razón del vacío que sentía. Por ello, busqué respuestas fuera, y en contra de mi formación espiritual, me puse en contacto con una médium para mascotas. La conversación con la médium de mascotas tampoco aportó respuestas.

Durante meses, repetí los acontecimientos de mi último día con Chez. Me preguntaba qué podría haber hecho de otra manera o qué debería haber notado antes. El juego de buscar culpables no era sano para mí, ni lo es para ti. Para superar mis días y meses de dolor, le escribí cartas, escribí un diario con nuestros recuerdos y escribí poemas. En las páginas de este diario y de este libro de recuerdos compartiré parte de mi viaje de sanación y te ayudaré en tu camino hacia la sanación.

Comience su viaje creyendo de verdad que usted era un gran cuidador de su perro. Sin embargo, su amado perro ha cruzado el puente del arco iris, y no había nada que usted hubiese podido hacer de manera diferente para cambiar la trayectoria de su destino. Estaba en el plan de Dios, y era el momento de partir de tu querido bebé peludo.

No había nada más que pudieras haber hecho. Fuiste un gran padre para Chez.
Todo en la vida sucede por una razón.
—Dra. Kerrwen Tanner, Doctor en Medicina Veterinaria

El Trayecto

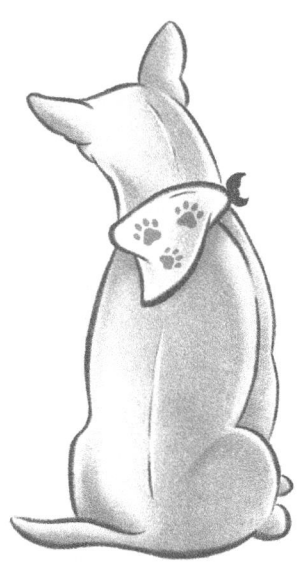

*Comienza Tu Trayecto para Trascender
el Puente del Arco Iris*

NUESTRAS EXPERIENCIAS SOBRE CÓMO NUESTROS perros han cruzado el puente del arco iris pueden diferir. Como dueños de perros, una emoción que compartimos es el dolor incomprensible que nos deja la partida de nuestro perro. Nos afligimos, procesamos y determinamos de forma única cómo superar ese periodo de tiempo. Por ello, he elaborado las siguientes páginas de este libro guiado, compuesto por poemas inspiradores, citas, escritos e indicaciones para un diario guiado, pensando en ti. Dado que experimentamos y procesamos el duelo de forma diferente, este diario está pensado para ayudarte en tu trayectoria de sanación. Al final de los seis meses, puede que no estés libre de tu dolor porque siempre echarás de menos a tu peludo. Del mismo modo, sentirse "libre" no debería ser la meta; más bien, el objetivo debería ser que puedas pensar y hablar con alegría sobre tu querido perro desde tu espacio interior. Te animo a que participes activamente en tu proceso de duelo. Sé amable contigo mismo y concédete tiempo. No has perdido sólo un perro; has perdido a tu familia, y te mereces llorar y trabajar en el proceso. Que los recuerdos, poemas y cartas te hagan reír, llorar y te animen a escribir tus propios recuerdos sobre la alegría que tu querido perro trajo a tu vida y a encontrar la paz para trascender del puente del arco iris. Los perros transmiten un amor especial que se renueva a diario. El amor de un perro no guarda un registro de cómo los tratamos en nuestros días malos. Siempre se alegran de vernos. Afrontan la vida con nosotros. Nunca se separan de nosotros. Y agradecen nuestro amor.

El amor de un perro es el reflejo de un amor perfecto. Cuando nuestro querido perro parte de esta vida, su ausencia es ensordecedora y deja un vacío inexplicable. ¿Qué hacer cuando cruzan el puente del arco iris?

El poema El puente del arco iris, escrito por un autor desconocido, es una hermosa historia sobre cómo tu mascota pasa a la otra vida, donde recupera la salud, tiene mucha energía, juega con todos los animales y ve a los seres queridos que han partido antes que tú, pero siempre echa de menos a alguien especial. Ese alguien especial eres tú. Cuando dejas esta vida, su luz brillante lo sabe, y corren emocionados de vuelta a tus brazos y se reúnen contigo para la eternidad. Hasta que llegue ese día, comencemos tu viaje de sanación con una carta a tu bebé peludo y mejor amigo.

El amor es paciente, es bondadoso. El amor no es envidioso ni presumido ni orgulloso. No se comporta con rudeza, no es egoísta, no se enoja fácilmente, no guarda rencor.
—1 Corintios 13:4-5

El amor nunca se da por vencido, nunca pierde la fe, siempre tiene esperanza y perdura en toda circunstancia.
—1 Corintios 13:7

Una imagen vale más que mil palabras …
Coloque aquí fotos de su querido perro con usted y con los que lo amaban.

Carta a mi mejor amigo

El Día en que Trascendiste el Puente del Arcoiris

Fecha:_____

Querido _____,
         (nombre del perro)

_____

_____

_____

_____

_____

_____

_____

_____

_____

_____

_____

_____

_____

_____

_____

_____

_____

_____

_____

_____

_____

_____

_____

_____

_____

_____

_____

_____

_____

_____

Con amor, _____

Primer Mes

*Comienza el camino hacia
la sanación, mes a mes.*

ESTE MES ES MUY DIFÍCIL porque la vida tal y como la conocías, con tu fiel amigo y compañero, ha cambiado. Si ayudaste a tu peludo a trascender el puente del arco iris o si sucedió de forma inesperada, es posible que luches con tus pensamientos entre lágrimas y tristeza. No estás solo. Escribí cartas en nombre de Chez a las personas que habían cuidado de él durante su vida. Mostrar gratitud es sanador.

¿A quién escribirías una carta para darle las gracias en nombre de tu querido perro? En la página siguiente, el primer ejercicio consiste en que escribas una carta a alguien a quien tú o tu peludo daría las gracias por sus cuidados o por el amor que mostraron a tu querido perro en vida. Empecé este capítulo con un poema escrito por Chez a la Dra. Tanner.

Él cura a los quebrantados de corazón y venda sus heridas.
—Salmo 147:3

GRACIAS POR ESTOS AÑOS

A la: Dra. Kerrwen Tanner, Doctor en Medicina Veterinaria
En nombre de: Chez Smith

Gracias por cuidarme con tanto conocimiento,
habilidad y sin miedo.
Usted hizo su trabajo conmigo tan bien,
nadie podía adivinar que yo era bastante mayor de lo
que aparentaba.
Conocías mi personalidad porque te miraba desde mi
jaula y emitía un pequeño ladrido para mantenerte
despierto a ti y al personal.
Me saludabas porque era lo único que necesitaba oír,
sólo entonces te permití seguir cuidando de las otras
mascotas como hiciste conmigo a lo largo de los años.
Mi inesperada y rápida partida hizo llorar a mi madre.
Dejé el mundo como entré,
como un reservado Yorkshire terrier, que era tranquilo
y genial como pude ser.
No tengo mucho más que decir, lo cual es típico de mí.
Quería asegurarme que supieras de lo agradecido que
estoy por todos los años que me cuidaste.

Chez Smith
19/11/2008 - 9/03/2022

Comencemos este mes con tu camino a la sanación dando las gracias a una persona en nombre de _____. Puedes escribir una carta, un poema o una canción. Sé creativo. *(nombre del perro)*

¿A quién agradecería mi bebé peludo sus cuidados? ¿Sería a un médico, a un familiar, o a un amigo?

Fecha:_____

_____

_____

_____

_____

_____

_____

_____

_____

_____

_____

_____

_____

_____

_____

RUIDOSO SILENCIO

Me capturaste al saludar y otra vez al despedirte.
Nunca pensé en el día en que
tu ausencia me haría llorar.
Entro en la casa y subo las escaleras,
sólo para recordar que ya no estás aquí.
Tu cama yace sobre la mía. Tu manta también.
Realmente no sé qué hacer sin ti.
La casa está muy silenciosa ahora,
aunque nunca fue ruidosa.
Sin embargo, algo en la ausencia de tu presencia
trae una nube de silencio.
Intento comer y dormir. Es muy difícil.
Realmente ..... te extraño..... terriblemente, demasiado.

El primer mes sin tu bebé peludo es difícil porque el silencio de su ausencia resuena fuerte. Tómate un momento para escribir sobre tu nuevo silencio y cómo te hace sentir.

Noto tu ausencia cuando...

Fecha: _____

_____

_____

_____

_____

_____

_____

_____

_____

_____

_____

_____

_____

_____

_____

¿Qué ruidos hacía tu bebé peludo que ya no oyes?

Mi vida ha cambiado porque hay ciertos ruidos que ya no oigo…

*Fecha:*_____

_____

_____

_____

_____

_____

_____

_____

_____

_____

_____

_____

_____

_____

_____

_____

_____

Días después de la muerte de Chez, quise entender la razón por la que no estaba preparada para su rápida partida. Una conversación con un amigo me reveló que, en realidad, Dios me había preparado. Nuestra conversación fue así:

PREPARANDOME

Me dijo:
Eres más espiritual que yo,
pero sé que este era el plan de Dios.
Hiciste todo lo que podías hacer.
Sin embargo, Dios también tenía un plan.

Le dije:
Sé que Dios tiene planes.
Ojalá me hubiera dado tiempo para prepararme.
Para saber que esto iba a suceder,
podría haber evitado esta desolación.
Pasé dos noches con él en brazos,
Inhalando el vapor cálido para respirar.
Me senté en el piso, con las piernas cruzadas, sin circulación,
lo que hizo que se me adormecieran los pies.
Mi cabeza descansaba contra la cama, los ojos cerrados,
pero bien despierta, necesitaba permanecer alerta vigilando su bienestar.

Su respuesta:
No estabas prestando atención.
Tenías otra cosa en tu mente.
Dios te estaba preparando para su partida durante ese tiempo.
Las noches que pasaste despierta,
Abrazándolo en tu regazo,
Ese fue el tiempo que Dios te dio,
para que no te alarmaras.
Esto es bastante evidente de ver.
A pesar de ser más espiritual que yo.

Le contesté:
No creí que Dios me estuviera preparando.
Al menos no de esa manera.
Porque yo hacía todo lo posible para que se aliviara;
quería que se quedara.
Lo tuve en mis brazos toda la noche,
rezando para que se pusiera bien.
¿Preocupada? Tal vez. Supongo que tienes razón.
Dios me estaba preparando, y yo no lo sabía.
Ahora Él por medio tuyo me lo comunica,
un hombre, menos espiritual que yo.

"Porque mis pensamientos no son vuestros pensamientos, ni vuestros caminos
mis caminos - dijo Jehová. Y mis caminos están muy por encima de lo que
pudieran imaginarse."
—Isaías 55:8

Puede que te sientas sorprendido por la partida de tu perro o que te preguntes si tomaste la decisión correcta al ayudarlo a cruzar al otro lado. En cualquier caso, su muerte te lleva a pensar en los acontecimientos que se suscitaron durante sus últimos días y a preguntarte si habías pasado por alto alguna señal. Piensa en los últimos días y momentos. ¿Te sentías preparado para la partida de tu querido bebé peludo?

¿Cuáles fueron los últimos momentos que pasé con mi perro?

*Fecha:*_____

_____

_____

_____

_____

_____

_____

_____

_____

_____

_____

_____

_____

Habrá momentos del día que serán difíciles porque tenías una rutina con
_____. Tómate un tiempo para explorar este momento.
(nombre de tu perro)

Para mí, el momento más difícil del día es …

*Fecha:*_____

_____

_____

_____

_____

_____

_____

_____

_____

_____

_____

_____

_____

_____

_____

Segundo Mes

HAY ALGO CIERTO, MIENTRAS PENSAMOS que estamos entrenando a nuestros increíbles perros, ellos en realidad nos están entrenando a nosotros. Nuestros perros nos entrenan para darles de comer a ciertas horas, pasearlos, jugar con ellos, escucharlos, y la lista continúa. Es cómico pensar en lo bien que nuestros perros nos entrenan para ser todo lo que necesitan que seamos para ellos, y para ser mejores seres humanos.

El segundo mes es para ayudarte a recordar los momentos memorables en los que tu querido perro te asombró. Escribe sobre los momentos en los que creías que los estabas entrenando, y ellos en realidad te estaban entrenando a ti.

El Señor es misericordioso y compasivo,
lento para enojarse y lleno de amor inagotable.
El Señor es bueno con todos;
desborda compasión sobre toda su creación.
—Salmo 145:8-9

ENTRENADO

Es una sensación extraña no tener que volver corriendo a casa para estar contigo.
Te entrené bien para esperarme.
Pero si llegaba un poco tarde,
mojabas la cama en tu jaula o defecabas.
Así me demostrabas que estabas enfadado.
Supongo que era yo la que estaba siendo entrenada.
Miraba el reloj y calculaba el tiempo justo
para volver corriendo a casa contigo.
Me mostrabas tus sentimientos y tu personalidad y me lo comunicabas.
Me hacías saber lo descontento que estabas con mis retrasos
y yo te prometía que no volvería a hacerlo.
Pero ahora no tengo que volver corriendo a casa y no sé qué hacer.
Me entrenaste bien, ¿te das cuenta?
Te extraño mucho.

Recuerda algunos de los buenos momentos con _____. ¿Cómo te entrenó tu querido perro?   *(nombre del perro)*

Mi bebé peludo me entrenó para...

Fecha:_____

_____

_____

_____

_____

_____

_____

_____

_____

_____

_____

_____

_____

_____

_____

_____

_____

¿Cómo sabías que tu peludo te estaba enseñando a ser mejor ser humano?

Me convertí en mejor persona cuando/porque...

Fecha:_____

_____

_____

_____

_____

_____

_____

_____

_____

_____

_____

_____

_____

_____

_____

_____

_____

_____

UNA MEMORIA COMPARTIDA
¡Detén mi estornudo, por favor!

No me di cuenta de que estornudaba fuerte, como si me doliera, hasta que Chez me lo hizo saber. Cuando Chez tenía unos tres años, corría hacia donde yo estaba, ladrando incontrolablemente cuando estornudaba. Mis estornudos parecían como si expulsara algo fuera de mi cabeza; sin embargo, no me daba cuenta que sonaba de tal manera.

Cada vez que estornudaba, le decía a Chez que estaba bien. "Estoy bien, Chez. Estoy bien, Chez. Mamá está bien", le decía. Después de la tercera reafirmación, se calmaba y me observaba cautelosamente con una pizca de desconfianza. Sin embargo, su colita se movía rápidamente de un lado a otro en previsión de otro estornudo. Cuando se sentía seguro de que no se produciría otro estornudo, se alejaba tranquilamente. Chez me enseñó a reprimir mis estornudos, y a menudo me reía de mis intentos de contenerlos al mínimo. Las veces que no contenía el estornudo, Chez se ponía a ladrar.

Chez ya no está, y todavía me doy cuenta de que contengo mis estornudos. Después de casi quince años, admito que me entrenó bastante bien.

Chez era realmente increíble dando lecciones, que yo incorporaba y practicaba en mis interacciones con la gente. Así, tomé conciencia del impacto que mis palabras tienen en los demás. Por ejemplo, cuando conversaba con otros y les comunicaba mis pensamientos, emitía afirmaciones sin tener en cuenta el impacto que mis palabras tenían en el oyente. Aunque mis comunicaciones nunca surgían de una mala intención, no comprendía que podía haber un problema. Sin embargo, Chez me enseñó que el impacto de mis palabras importa, y me enseñó a observar las expresiones faciales del oyente porque las expresiones no verbales comunican tan claro como las palabras. Gracias, Chez.

¿Qué características o hábitos has cambiado gracias a tu bebé peludo?

Soy más _____ *y* _____ *hacia los demás o hacia mí mismo porque…*

*Fecha:*_____

_____

_____

_____

_____

_____

_____

_____

_____

_____

_____

_____

_____

_____

_____

_____

_____

HOY, LLORÉ

Te has ido hace dos meses
y tres semanas.
Dejé de llorar a los dos meses,
y empecé a sonreír con tus recuerdos.
Podía mirar tus fotos,
y sonreír sin lágrimas.
Dos meses,
y tres semanas, pero hoy...
lloré.

Somos humanos imperfectos y, por tanto, cometemos errores. Sin embargo, tu peludo tenía una forma de mostrar su disgusto por tu mal comportamiento.

Sabía cuándo no te agradaban mis acciones porque…

Fecha:_____

_____

_____

_____

_____

_____

_____

_____

_____

_____

_____

_____

_____

_____

_____

_____

¿Qué haces mejor gracias a los integrantes de tu familia peluda?

Me enseñaste a ser mejor en…

Fecha:_____

_____

_____

_____

_____

_____

_____

_____

_____

_____

_____

_____

_____

_____

_____

_____

_____

Escribir recuerdos sobre tu perro puede hacerte reír sin control. ¿Qué recuerdo has compartido con tu bebé peludo?

Siempre me hacías reír cuando…

*Fecha:*_____

_____

_____

_____

_____

_____

_____

_____

_____

_____

_____

_____

_____

_____

_____

_____

_____

Escribe un recuerdo que te haga sonreír o reír a carcajadas cuando piensas en tu querido perro.

Me río cuando pienso acerca de…

*Fecha:*_____

_____

_____

_____

_____

_____

_____

_____

_____

_____

_____

_____

_____

_____

_____

_____

_____

Tercer Mes

ESTOY FELIZ QUE ESTES TRABAJANDO en este proceso porque el tercer mes sigue siendo un mes difícil. Pero tu dedicación al proceso te ha permitido encontrar tu voz para ser creativo y escribir tus pensamientos, lágrimas y últimas palabras a tu bebé peludo. Este mes, escribirás sobre el carácter de tu perro, su capacidad para amarte más allá de ti mismo y cómo te hizo sentir.

Cuando nos quieren de verdad, lo sentimos. Los perros nos quieren más allá de nuestras expectativas y sentimos su amor en lo más profundo de nuestras almas. Sigamos adelante en el tercer mes y exploremos nuestra creatividad con grandes recuerdos.

LA ESCENCIA DE UN PERRO

Un perro...
Mirará más allá de tus defectos
Celebrará tus triunfos
Protegerá tu seguridad
Se sentará silenciosamente contigo en tus momentos de soledad
Bailará ante tu sonrisa
Consolará tu tristeza
Olvidará tus indiscreciones, y
perdonará tus faltas.

Un perro...
Te recordará que sigas adelante
Se deleitará con tu presencia
Reconfortará tu alma
Te dará una razón para todo
Disfrutará de tu tiempo
Yacerá a tu lado en la enfermedad
Pasará por alto tus debilidades, y
Te amará hasta la muerte.
No es de extrañar que se diga
que a los perros se les trata mejor que a los humanos.
Es porque el amor de un perro
va más allá de la imaginación del hombre.

¿Cómo te sientes cuando eres amado a pesar de tus defectos y sin esperar nada a cambio?

Me demostraste que me amabas más allá de mis expectativas cuando…

Fecha: _____

_____

_____

_____

_____

_____

_____

_____

_____

_____

_____

_____

_____

_____

_____

_____

_____

_____

Hay días en los que simplemente no te sientes bien; sin embargo, tu bebé peludo siempre le trajo un rayo de sol a tu día. ¿Cuándo te has sentido deprimido y tu amado perro te hizo sentir mejor o te alegró el día?

Me animaste cuando…

*Fecha:*_____

_____

_____

_____

_____

_____

_____

_____

_____

_____

_____

_____

_____

_____

_____

La personalidad de tu bebé peludo era exclusivamente suya, lo que te hacía sonreír y reírte a carcajadas. ¿Cómo mostró tu peludito su personalidad?

Me mostraste tu personalidad cuando...

Fecha:_____

PRIMER TRIMESTRE

Tres meses desde que te fuiste,
pero tu recuerdo sigue vivo.
Hoy,
Pensé en lo mucho que te encantaba sentarte frente al calor del fuego.
Sólo te alejabas para tomar un trago de agua
y regresabas a tu lugar.
Fuiste mi fuente de calor durante el invierno.
Tres meses desde que te fuiste,
realmente no es tanto tiempo.
El tiempo pasa más lento,
una lágrima rueda por mi mejilla.
Tus camas todavía están en sus respectivos lugares,
al igual que tu trasportín.
Todavía me duele el corazón.

Habrá momentos en los que algo te hará pensar en tu bebé peludo. ¿Qué te ha hecho recordarlo?

Hoy pensé en ti…

Fecha:_____

_____

_____

_____

_____

_____

_____

_____

_____

_____

_____

_____

_____

_____

_____

Sonrío más porque…

Fecha:_____

_____

_____

_____

_____

_____

_____

_____

_____

_____

_____

_____

_____

_____

_____

_____

_____

_____

_____

_____

Cuarto Mes

CREO QUE LOS PERROS SON ALGUNOS de los animales más especiales que Dios creó. Hay algo especial en la naturaleza de un perro que no se puede duplicar. Los perros son pequeños humanos peludos que nos entrenan para amar con todo lo que tenemos, dar desinteresadamente, perdonar rápidamente, reír a carcajadas y alejarnos de las personas que tal vez no sean amables con nosotros.

Los perros nos enseñan estas lecciones sin palabras; por lo tanto, estamos obligados a prestarles más atención para comprenderlos. Requieren que nos centremos en ellos y aprendamos quiénes son; ellos dominan estas lecciones sin forzarlas y exigirlas. Cuando guardamos silencio, y observamos y escuchamos a nuestros queridos perros, aprendemos lecciones que de otro modo pasaríamos por alto. Aprovecha el cuarto mes para recordar y escribir sobre lo especial que fue tu perro para ti y para los demás, y las lecciones que ellos te enseñaron.

> Velen y oren para que no cedan ante la tentación, porque el espíritu está dispuesto, pero el cuerpo es débil.
> —Mateo 26:41

ALGUIEN ESPECIAL

Sabía que eras especial.
Aún no cumplías cuatro meses,
tenías tres y medio para ser exactos.
Te dejé al pie de las escaleras,
y te dije que volvería enseguida.
Tus piernas eran tan pequeñas,
no más largas que la de un borrador al extremo de un lápiz.
Me viste subir a lo más alto de los escalones.
Esperando mi regreso, o eso pensé.
Caminé hacia el pasillo y miré hacia abajo.
¿Cómo llegaste aquí?
Subiste muy rápido y sin hacer ruido.
Te sentaste mirándome.
Sabía que eras alguien especial.

Tu rectitud es como las poderosas montañas,
tu justicia, como la profundidad de los océanos.
Tú cuidas de la gente y de los animales por igual, oh Señor.
—Salmo 36:6

¿Cuándo supiste que _____ era un perro especial, creado sólo para ti?
(nombre del perro)

Supe que eras especial cuando...

Fecha:_____

_____

_____

_____

_____

_____

_____

_____

_____

_____

_____

_____

_____

_____

_____

_____

_____

_____

Inserte fotos y artículos de momentos especiales.

Hubo otras personas que se sintieron impactadas positivamente por el cariño de tu perro. ¿Cómo impactó tu bebé peludo en la vida de los demás?

Recuerdo como impactaste...

*Fecha:*_____

_____

_____

_____

_____

_____

_____

_____

_____

_____

_____

_____

_____

_____

_____

_____

_____

_____

Quinto Mes

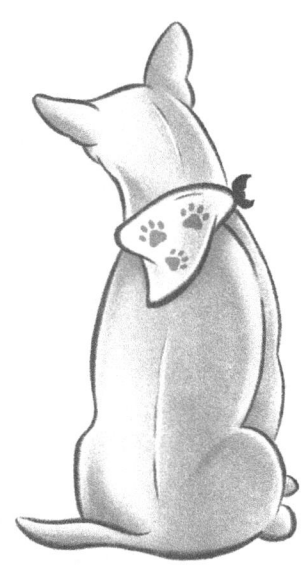

EL QUINTO MES PUEDES SENTIRTE como el primer mes porque puede haber un evento o una actividad que te recuerde lo importante que fue tu amado perro en tu vida. Para mí, el evento que hizo que la ausencia de Chez pareciera como el primer mes, fue viajar fuera del estado por primera vez desde su muerte. Chez era mi pequeño guerrero del camino. Su asiento en la camioneta estaba atrás, del lado del pasajero. Mientras conducía, a menudo miraba hacia atrás para ver qué hacía mientras conducíamos en nuestros viajes. En su quinto mes, mi mirada hacia el asiento trasero se encontró solo con su ropa de cama en su lugar porque él ya no estaba ahí. Trabajemos en el quinto mes de tu camino a la sanación.

EL VIAJE MAS LARGO A CASA

El viaje a casa más largo y difícil
es aquel sin ti.
Cuando miro hacia el asiento trasero del auto,
no estás ahí.
La ausencia de tu presencia es silenciosa.
No tengo a nadie con quien cantar en este viaje de cinco horas.
Mis paradas para reposar no incluirán tus pausas para ir al baño,
o pedirte que esperes mientras lleno tu plato de agua.
El viaje a casa más largo y difícil
es aquel sin ti,
porque conduciré sola a casa.

Escribir esta parte, pueda que te resulte difícil, pero tú puedes hacerlo. ¿De qué manera estás extrañando a _____?

(nombre del perro)

Hoy día, realmente te extraño porque...

Fecha:_____

_____

_____

_____

_____

_____

_____

_____

_____

_____

_____

_____

_____

_____

_____

_____

_____

Habrán días en los que ciertas actividades desencadenarán recuerdos de tu bebé peludo.¿Cuál es tu nueva normalidad?

Hoy es el día cuando nosotros _____, *y ahora lo estoy haciendo sin ti.*

*Fecha:*_____

_____

_____

_____

_____

_____

_____

_____

_____

_____

_____

_____

_____

_____

_____

ESPERANZA ETERNA

¿Me extrañas como yo te extraño?
¿Sabes que no estoy contigo?
Te susurro, esperando que me escuches.
Espero que el Cielo te haya recibido con los brazos abiertos,
y que te traten bien.
No eras agresivo, sino asustadizo y tímido.
Ruego que estés fuerte y saludable en ese mundo celestial.
Siempre quise lo mejor para ti.
Te extraño.

El Señor está cerca de los que tienen quebrantado el corazón;
él rescata a los de espíritu destrozado.
—Salmo 34:18

Los recuerdos y esperanzas positivos ayudan a sanar el corazón. ¿Cuál es un deseo positivo que tienes para tu amado perro _____?

(nombre del perro)

Espero que estés feliz y saludable porque...

*Fecha:*_____

DETERMINACION

Cuando Chez tenía tres meses, sus pequeñas piernas lo llevaron con entusiasmo por toda mi casa. Me seguía a todas partes por donde caminaba. Fue tan adorable mirar detrás mío y ver su cuerpecito tambaleándose para seguir el ritmo. En la única área de la casa donde no podía seguirme era a los dormitorios de arriba. Entonces me seguía hasta el vestíbulo y esperaba a que volviera abajo. Siempre le dije a Chez que volvería rápidamente. "Regresaré enseguida, ¿vale? Ya vuelvo." Chez se sentaba y esperaba al pie de la escalera porque confiaba en mí, hasta el día en que no esperó mi regreso.

El día comenzó con normalidad. Chez me siguió por toda la casa, como mi sombra. Llegamos al vestíbulo, al pie de la escalera. Como de costumbre, le dije a Chez que esperara y que volvería enseguida. Subí las escaleras hasta mi dormitorio. Cuando salí de mi habitación para bajar las escaleras, miré hacia abajo y, para mi sorpresa, allí estaba sentado el pequeño Chez en el pasillo. "¿Cómo llegaste aquí arriba?" le pregunté. Chez no respondió ni se movió. Más bien, se sentó tranquilamente y sus ojos color caoba me devolvieron la mirada. "No te oí subir las escaleras", continué. Le hablé como si fuera a responder. Él permaneció quieto y en silencio. Lo levanté con una sensación de angustia y miedo. Estaba mareada porque acababa de sorprenderme. Sentí miedo porque, al ser tan pequeño, podría haberse lastimado al subir los grandes escalones. Pero, en ese momento, Chez me demostró que estaba decidido, y su determinación estuvo presente durante toda su vida.

Tu bebé peludo tenía talentos como ningún otro perro, y eso era lo que lo hacía tan único. ¿Qué hizo que la personalidad de tu perro fuera única?

Vi tu personalidad única cuando…

Fecha:_____

_____

_____

_____

_____

_____

_____

_____

_____

_____

_____

_____

_____

_____

_____

_____

_____

Vi tu determinación y resiliencia cuando…

Fecha:_____

_____

_____

_____

_____

_____

_____

_____

_____

_____

_____

_____

_____

_____

_____

_____

_____

_____

_____

_____

DEMASIADO INTELIGENTE PARA MI

En octubre del 2009, Chez y yo nos mudamos a un nuevo Estado. Chez tenía casi un año. Un par de meses después de vivir en nuestra nueva ciudad, tuve la genial idea de adoptar otro cachorro. Pensé que otro perro le daría a Chez un compañero de juegos y disminuiría su apego hacia mí. Inmediatamente supe que dos perros significaban que tendría a dos mascotas apegadas a mí. Estaba en la tienda de mascotas local y era el día de la adopción. Vi a una cachorrita mezclada de raza Beagle y Yorkie, muy adorable y de espíritu gentil. Tenía unas pocas semanas de nacida y era una auténtica belleza. La adopté y la llamé Jade. Llevé a Jade a casa y Chez inmediatamente comenzó a examinarla. Chez, quien ya tenía un ano intentó mostrarle al nuevo cachorro que él era el cachorro alfa. También pensé que probablemente había tomado una decisión equivocada al adquirir un cachorro de nueve semanas y, en veinticuatro horas, devolví a Jade al refugio de adopción. Me entristeció devolverla, pero sabía que era la mejor decisión. Como era de esperar, Jade fue reubicada con una nueva familia a las veinticuatro horas de su regreso. Sin embargo, el día anterior de llevarla al refugio, Chez demostró que era muy inteligente e intuitivo.

Al día siguiente de traer a Jade a casa, la coloqué en la jaula de Chez mientras me duchaba. Al vestirme después de tomar la ducha, Chez se sentó conmigo en mi habitación. Lo miré y le dije: "Chez, ve a ver cómo está Jade". Sentado, Chez me miró fijamente. "Chez, ve a ver cómo está Jade, hazlo por mí", repetí. Él se puso de pie, salió de mi habitación hacia la habitación de huéspedes y se paró en la entrada. Mis ojos lo siguieron mientras miraba dentro de su jaula donde descansaba Jade. Chez regresó a mi habitación y me miró como diciendo: "Ella está bien". Insistí en hablar con él. "Gracias. ¿Jade está bien? Le volví a preguntar. Chez se sentó como respondiendo a mi pregunta. Jade estaba bien. Ese día Chez me enseñó que me entendía y que era muy inteligente.

¿Cuándo te diste cuenta de que _____ era inteligente o intuitivo?
(nombre del perro)

Sabía que eras un perro muy inteligente cuando…

Fecha:_____

_____

_____

_____

_____

_____

_____

_____

_____

_____

_____

_____

_____

_____

_____

_____

_____

_____

Sabía que eras intuitivo porque…

Fecha:_____

_____

_____

_____

_____

_____

_____

_____

_____

_____

_____

_____

_____

_____

_____

_____

_____

_____

_____

Sexto Mes

HAN PASADO SEIS MESES Y los días son más alentadores para algunos, mientras que otros necesitarán más tiempo. Has llegado hasta aquí en tu camino a la sanación, a medida que continúes trabajando, los recuerdos de tu bebé peludo te traerán más sonrisas que lágrimas. Este proceso lleva tiempo. Dátelo.

Para este sexto mes, te animo a que escribas sobre cómo van pasando tus días y que esperas en el futuro para ti. Este proceso puede ser largo o corto, pero es parte de tu nueva vida. He incluido páginas en blanco para que seas creativo porque tu camino a la sanación es único para ti y no termina en el sexto mes. Tu amado perro siempre estará en tu corazón. Utiliza este diario para mantener vivo su recuerdo y las memorias con él.

¿Cuándo fue el primer día que me desperté sin llorar o sin manchar la almohada con lágrimas?

Fecha:_____

Querido_____,
        (nombre del perro)

_____

_____

_____

_____

_____

_____

_____

_____

_____

_____

_____

_____

_____

_____

Escribe sobre la meta que te propusiste y lograste hoy.

¿Cómo reaccionaría mi bebé peludo ante mi éxito o logro?

Fecha:_____

Querido_____,
       (nombre del perro)

_____

_____

_____

_____

_____

_____

_____

_____

_____

_____

_____

_____

_____

_____

_____

_____

Dile a tu perro cuanto lo extrañas.

¿Qué otra u otras personas extrañan a mi perro?

*Fecha:*_____

*Querido*_____,
        (nombre del perro)

_____

_____

_____

_____

_____

_____

_____

_____

_____

_____

_____

_____

_____

_____

_____

_____

Escribe sobre los pasos o planes que hiciste para tu perro, para asegurarte que siempre estuviese atendido.

*Fecha:*_____

_____

_____

_____

_____

_____

_____

_____

_____

_____

_____

_____

_____

_____

_____

_____

_____

Si tu perro tenía amigos o hermanos peludos que se quedaron en este lado del puente del arco iris, tómate un momento para escribir sobre los sentimientos de sus amigos o hermanos peludos y los cambios que has notado.

Ejemplo: _____ *ahora duerme en tu cama todos los días para sentirse cerca de ti.*

Fecha:_____

_____

_____

_____

_____

_____

_____

_____

_____

_____

_____

_____

_____

_____

_____

_____

Tómate el tiempo para escribir cómo te sientes cuando ves los juguetes de tu perro en el piso de tu casa.

Cuando veo tus juguetes, siento…

Fecha:_____

_____

_____

_____

_____

_____

_____

_____

_____

_____

_____

_____

_____

_____

_____

_____

_____

Cuando veo tus platos de comida, colcha o cama, siento...

Fecha:_____

Es posible que las personas te pregunten si tendrás otro perro porque quieren ayudarte en tu proceso de sanación. Sin embargo, sólo tú sabes cuándo (y si) esto sucederá. Tómate un momento para escribirle a tu perro sobre tus sentimientos cuando te pregunten si puedes traer otro perro a casa.

Cuando me preguntan si traeré otro perro a casa, pienso/siento…

Fecha:_____

Querido_____,
      (nombre del perro)

_____

_____

_____

_____

_____

_____

_____

_____

_____

_____

_____

_____

_____

CARTA A CHEZ

Escribirle cartas a Chez fue sanador para mí porque tenía mucho que decirle.

Querido Chez,

La semana pasada hice mi primer viaje fuera del país desde que te fuiste. Viajé a Milán y Venecia y me sentí extraña porque regresé de este viaje y no conduje para recogerte del albergue. Se sentía todo muy fuera de lo común y estaba triste porque me gustaba preguntarte si me habías extrañado y me gustaba darte un juguete nuevo para demostrarte que había pensado en ti mientras estaba fuera. Las cosas son realmente diferentes sin ti. Sin mencionar que todo es muy silencioso.

Durante mi viaje vi a muchísimos perros con sus dueños. Fue desgarrador porque este fue el primer viaje en el que no busqué un regalo para ti. Todos los días y a todos lados, llevé puesta una cadena con un dije portando tus cenizas. Espero que hayas sentido que estabas conmigo. No lloré mientras estuve en Italia, pero estabas en mi mente todos los días. Cuidar de ti fue la tarea más difícil y gratificante que he tenido en mi vida. Espero que estés orgulloso de cómo te cuidé. Te extraño.

Con amor,
Mami

Escríbele una carta a tu bebé peludo.

¿Hay algo nuevo que quiera contarle a mi bebé peludo? ¿Cuáles son mis emociones acerca de su ausencia a los seis meses?

Fecha:_____

Querido_____,
        (nombre del perro)

_____

_____

_____

_____

_____

_____

_____

_____

_____

_____

_____

_____

_____

Con amor,
_____

A los seis meses, ¿qué viajes has hecho sin tu querido perro o en qué actividades has participado?

Hice un viaje (local, en los EE.UU. o al extranjero)_____ y me sentí...

Fecha:_____

_____

_____

_____

_____

_____

_____

_____

_____

_____

_____

_____

_____

_____

_____

¿En qué se diferencian ahora tus viajes o paseos a ciertos lugares?

Se siente diferente no viajar a _____(lugar o comercio) porque siempre fui por ti...

Fecha:_____

_____

_____

_____

_____

_____

_____

_____

_____

_____

_____

_____

_____

_____

_____

_____

_____

_____

TIEMPO

Vi caer el tiempo sobre ti... Tu caminar
era un poco más lento. Tu cabeza
se inclinaba un poco más abajo.
Te acelerabas cuando te animaba,
pero no, a la velocidad de cuando
tenías dos años. Tu ritmo veloz
nunca duraba mucho.

Vi el tiempo caer sobre ti...
Creo que Dios perdonó mi corazón porque
no volvió gris tu pelaje.
Más bien, colocó un cabello plateado aquí y allá.
Los hacía parecer como si los hubiese tomado prestados.

Vi el tiempo caer sobre ti... pude sentirlo en mi alma.
Me estremecí ante las palabras de los demás: "Chez está envejeciendo".

El tiempo caía sobre ti...
cuando comencé a cargarte escaleras arriba.
Al principio pensé que estabas siendo terco,
pero me di cuenta de que simplemente
ya no tenías energía.

El tiempo caía sobre ti...
Pues dormías más de lo que estabas despierto.
Empecé a poner mi mano en tu vientre
Sólo para asegurarme de sentir tu respiración.

El tiempo caía sobre ti...
Cuando cada día me despertaba y te veía vivo.
Exhalaba un suspiro de alivio.
y agradecía a Dios poder mirarte a los ojos.

El tiempo caía sobre ti...
Tu vejiga no aguantaba tan bien.
Y, permanentemente colocaba protectores
en tus camas para que no sintieras vergüenza.

El tiempo caía sobre ti...
La comida recetada ya no te gustaba.
Por lo que hervía arroz, pollo y zanahorias
con yogur: una dieta destinada para estimular tu apetito.

El tiempo caía sobre mi...
Me negué a creer que tú
y yo llevábamos casi quince años
juntos, todavía tenía mucho más para mostrarte.

El tiempo caía sobre mi...
Porque mi instinto me hacía preguntarme cada noche si esa
sería la última que te vería.
Entonces, te besé en la cabecita y te dije que te amaba.

El tiempo caía sobre nosotros…
El reloj dejó de marcar.
Finalmente, había llegado el momento.

¿Qué cambios viste en tu bebé peludo a medida que pasaba de ser un cachorro a un perro adulto?

A medida que crecías desde que eras un cachorro, los cambios que vi fueron...

Fecha:_____

_____

_____

_____

_____

_____

_____

_____

_____

_____

_____

_____

_____

_____

_____

_____

_____

Crear, Hacer Collages, Colaborar

UTILIZA LAS SIGUIENTES PÁGINAS PARA PEGAR más fotos de tu bebé peludo, dibujar o escribir sobre los recuerdos que te traen alegría.

Tu Sanación Continúa

EL DUELO NO TIENE LÍMITE DE TIEMPO ni fecha de caducidad. Sin embargo, el dolor encuentra como salir cuando entra la sanación. Escribir sus historias, recuerdos, poemas y anotaciones en tu diario es una forma saludable y positiva de recordar a tu perro. Tu perro fue creado exclusivamente para amarte y guiar momentos en tu vida que fueron diseñados solo para que los experimentaras tú.

Mi objetivo en este diario era compartir algunos de los momentos mágicos que Chez trajo a mi vida, sentir el amor que me dio y el amor que le entregué, mientras te voy guiando hacia el camino a tu sanación, a la vez que recuerdas las memorias de la vida con tu perro, las lecciones aprendidas, su amor, las risas e incluso la tristeza que experimentaste.

Gracias por elegir vivir los primeros seis meses de tu camino a la sanación en las páginas de este diario.

Las siguientes páginas son para que puedas redactar, dibujar y hacer collages de fotografías, como tú desees, ya que tu perro ha cruzado el puente del arcoíris. Por muy doloroso que fue perder a tu bebé peludo, tu camino hacia la sanación, ahora requiere que *trasciendas más allá del puente del arcoíris.*

Deseándote amor, luz, y sonrisas,

Julieta L. Smith

Las lágrimas limpian el alma para recordarte que volverás a sonreír.

—Anónimo

www.ingramcontent.com/pod-product-compliance
Lightning Source LLC
Chambersburg PA
CBHW041144120626
46547CB00020B/3102